MEMOIRE A CONSULTER

ET CONSULTATION.

POUR M. le Marquis D'ESPINCHAL.

AU SUJET DE DEUX SUBSTITUTIONS
dont étoit grevé feu M. le Marquis de la Baume
Comte de Saint-Amour.

D E u x substitutions importantes, fondées dans la MÉMOIRE, Maison de la Baume en 1620 & 1622, se sont ou-vertes par le décès du Marquis de la Baume Comte de Saint-Amour, mort en l'année 1761. L'une & l'autre sont reclamées par Madame la Marquise de Mirepoix, M. de la Blache, & M. le Marquis d'Espinchal, qui respectivement se les contestent : mais entre ces trois Contendans, M. le Marquis d'Espinchal se croit seul en droit de les recueillir ; & c'est sur quoi il desire l'avis du Conseil.

Voici les faits :

La premiere des deux substitutions est renfermée dans une dona-tion entre-vifs faite à Emmanuel-Philibert de la Baume Comte de Saint-Amour, par Philippe de la Baume, Prieur de Vaux, son frere, des portions appartenantes à ce dernier dans plusieurs Terres & fonds de sa Maison. L'acte de donation est passé en l'année 1620 à Dole en Franche-Comté, domicile du Prieur de Vaux ; & les biens donnés sont situés dans la même Province.

La substitution établie par cet acte, y est annoncée dès le préam-bule par une déclaration qu'y fait le Donateur, qu'il a *grand desir & volonté de conserver & accroître la grandeur & la splendeur de sa Maison aux personnes DES AÎNÉS MASLES qui descendront d'icelle . . . . . que sa principale fin & intention est que LA MAISON DE L'AÎNÉ DE LADITE MAISON DE LA BAUME soit toujours avancée en grandeur & moyens.*

Vient ensuite la substitution : *De tous lesquels biens, droits & actions* (compris en la donation), *ledit sieur de Vaux s'est dévêtu & dévêt, &*

A

en a invêtu & invêt ledit fieur Comte fon frere : : : : : pour lui &
LES AÎNÉS MASLES qui defcendront de lui : & en ce qui concerne lefdits
biens en fonds , &c.

Tous lefquels ledit fieur de *Vaux* veut & entend retourner , avenant le
décès dudit fieur Comte par droit de fidéicommis , & par autre meilleure
voie , titre & maniere que faire fe peut , AUXDITS AÎNÉS MASLES qui *def-*
cendront de lui , ET SE TROUVERONT AÎNÉS *quand le cas arrivera ; & ainfi*
*fucceffivement d'*AÎNÉ MASLE EN AÎNÉ MASLE *, perpétuellement & à toujours ,*
& jufqu'à l'infini , & tant qu'il plaira à Dieu d'en donner à ladite Maifon
de la BAUME.

Et où il arriveroit , ce que Dieu ne veuille , qu'elle viendroit à faillir &
manquer en mâles pour repréfenter ledit aîné , en ce cas & non autrement ,
ni en autre cas , il veut & entend que tous fefdits biens cedent , demeurent
& appartiennent de plein droit AUX AÎNÉS MASLES QUI DESCENDRONT DES
FILLES AÎNÉES DE LADITE MAISON DE LA BAUME, QUI ATTOUCHERONT
EN PLUS PROCHAIN DEGRÉ AU DERNIER MASLE DE LADITE MAISON QUI
SERA DÉCEDÉ ET AURA TENU LESDITS BIENS, *à la charge & condition*
de porter & relever le nom & les armes de ladite Maifon de la Baume.

Pour ce que fon intention eft de perpétuer ladite Maifon auxdits aînés
mâles defcendans defdits mâles tant qu'il y en aura , & de ceux qui fe
trouveront aînés , quand le cas arrivera , PAR LE PRÉDÉCÈS DES PREMIERS
NÉS ; *& s'ils venoient à faillir & manquer , ce que Dieu ne veuille , aux*
aînés mâles defdites filles de leurdite Maifon , auffi fucceffivement , perpé-
tuellement & à l'infini , à ladite charge & condition de porter & relever
lefdits noms & armes , & non autrement & d'autre façon.

Enfin , le Donateur termine ces différens ordres de fubftitution ,
en ajoutant que *pour plus grande démonftration de fa volonté & à ce*
qu'elle ne puiffe être révoquée en doute , il prie ledit fieur Comte fon frere de
FAIRE ÉRIGER EN MAJORAT, *au plutôt que faire fe pourra , tous lefdits biens*
& fonds compris en ladite donation au profit defdits aînés mâles qui def-
cendront à toujours de ladite Maifon de la Baume , ou defdites filles aînées
d'icelle . . . . . afin que lefdits biens demeurent perpétuellement en la
Maifon d'iceux aînés , &c. *

* Tout ce qui vient d'être rap-porté de la fubfti-tution de 1620 , eft extrait d'un Mémoire impri-mé , diftribué par M. de la Blache , & duquel il fera parlé ci-après.

Deux ans après cette donation, Emmanuel-Philibert de la Baume
Comte de Saint-Amour, Donataire, fonda lui-même par fon teftament, paffé devant Tabellion & Témoins, à Befançon, le 16 Mars
1622, une feconde fubftitution, dans laquelle on retrouve exactement le même plan & les mêmes vues que dans la première.

Le Teftateur qui avoit deux fils & trois filles, fçavoir, Jacques-
Nicolas de la Baume, fils aîné, Philippe de la Baume, fils puîné,
Catherine, fille aînée, mariée dans la fuite au Comte de Levy de
Châteaumorand, Charlotte & Genevieve, filles puînées, affigne
d'abord à fon fecond fils & à fes trois filles les parts qu'il croit leur
devoir dans fes biens; il inftitue enfuite fon héritier univerfel Jacques-
Nicolas de la Baume, fon fils aîné; & à cette inftitution fuccede la
fubftitution qui vient d'être annoncée, & dont voici la teneur:

Et pour ce que je veux , que mes Comtés de Saint-Amour , &c.
demeurent perpétuellement aux mâles qui feront du nom & des armes de

notre Maison de la Baume, pour la conservation & augmentation de la grandeur d'icelle, & que lesdits biens passent toujours PAR FORME DE MAJORAT A L'AÎNÉ DES MASLES DE MADITE MAISON, tant qu'il plaira à Dieu de la conserver. . . . . . Je veux & ordonne qu'advenant le décès dudit Jacques-Nicolas de la Baume mon héritier, mesdits Comté de Saint-Amour, &c. . . . . retournent par droit de substitution vulgaire, pupillaire & fidéicommissaire, à ses enfans mâles, & aux enfans mâles de sesdits enfans, & leurs autres descendans mâles nés & procréés en loyal mariage, de degré en degré, successivement l'un après l'autre, & jusqu'à nombre infini, PRÉFÉRANT TOUJOURS L'AÎNÉ AU PUÎNÉ, ET LE PLUS PROCHAIN DU DERNIER DESCENDANT ET POSSESSEUR.

Et advenant que ledit Jacques-Nicolas de la Baume, ou ses descendans mâles . . . . . viennent à mourir ou défaillir en quelque tems, ou quelque cas que ce soit, je veux que mesdits biens retournent par même droit de substitution vulgaire, pupillaire & fidéicommissaire à mon second fils né & procréé en loyal mariage & à ses descendans mâles, successivement l'un après l'autre, jusqu'à nombre infini, avec même préférence de l'aîné au puîné, & du plus prochain au plus lointain.

Que si mondit second fils & ses descendans mâles viennent à faillir, j'appelle en la même forme mon tiers-fils & ses descendans mâles, & ainsi du quart au cinquième, & autres que je pourrois avoir, & de leurs descendans mâles, & à l'exclusion perpétuelle des filles & de leurs descendans, en quelque cas, tems & degré que ce soit.

Et tous les mâles & leurs descendans mâles venans à défaillir, je veux que tous mes biens retournent à ma fille aînée *, & après son décès à ses enfans mâles, PRÉFÉRANT L'AÎNÉ, & à condition de porter le nom & les armes pures & simples de la maison de la Baume.

* C'étoit Catherine de la Baume.

Et au cas advenant qu'elle vienne à mourir sans enfans mâles, ou ses enfans mâles sans enfans mâles, je veux que mesdits biens retournent à la seconde & à ses enfans mâles, PRÉFÉRANT L'AÎNÉ, à condition, comme dit est, de porter le nom & les armes de la Maison de la Baume; ET AINSI DES AUTRES FILLES AUX AUTRES, AUX CONDITIONS QUE DESSUS SUBSÉQUEMMENT JUSQU'A NOMBRE INFINI, ET AUX CHARGES QUE DESSUS DE PORTER LESDITS NOM ET ARMES; veuillant que cette mienne substitution soit tenue pour un fidéicommis masculin, réel, graduel & perpétuel, sans que lesdits biens y compris puissent à jamais être aliénés, démembrés ou diminués, soit pour détraction de quarte, &c. *

* Tout ce qu'on vient de rapporter de la seconde substitution, est tiré tant du Mém. imprimé de M. de la Blache, que d'une copie manuscrite du testament.

Les biens des deux substitutions, après le décès d'Emmanuel-Philibert, auteur de la seconde, ont été recueillis par son fils aîné, Jacques-Nicolas de la Baume: Des mains de celui-ci, ils ont passé à Charles-François son fils, & ensuite au fils de ce dernier, Jacques-Philippe Marquis de la Baume, Comte de Saint-Amour, décédé sans postérité en 1761, & dont le décès donne lieu aux questions qui s'élèvent entre Madame la Marquise de Mirepoix, M. de la Blache, & M. le Marquis d'Espinchal.

Ainsi relativement à la première substitution, fondée par Philippe de la Baume par sa donation de 1620, Emmanuel-Philibert a possédé en qualité d'institué; & les trois autres possesseurs, Jacques-Nicolas,

Charles-François & Jacques Philippe, ont rempli fucceffivement les degrés de premier, fecond & troifiéme appellés; d'où il fuit que cette premiere fubftitution n'eft parvenue, par le décès du Marquis de la Baume, qu'au quatriéme degré de vocation; & il réfulte encore du même calcul, que la feconde fubftitution, contenue au teftament d'Emmanuel-Philibert de 1622, n'ayant commencé à prendre effet que dans la perfonne de Jacques-Nicolas premier inftitué, le Marquis de la Baume décedé en 1761 n'occupoit que le fecond rang dans l'ordre de la vocation, & que celui des contendans qui fera décidé devoir la recueillir, ne remplira que le troifiéme.

Le Marquis de la Baume, dernier poffeffeur, étoit auffi le dernier mâle de la defcendance mafculine d'Emmanuel-Philibert, Donataire en 1620 de Philippe de la Baume Prieur de Vaux, & auteur du teftament de 1622.

Mais au défaut de defcendance mafculine d'Emmanuel-Philibert, il refte des defcendans de Catherine de la Baume, fa fille aînée, mariée, comme on l'a obfervé, au Comte de Levy de Châteaumorand.

De ce mariage font nés en effet trois enfans, un fils & deux filles.

Il ne refte point de mâles du fils; mais Madame la Marquife de Mirepoix en defcend.

La fille aînée a époufé M. le Marquis d'Efpinchal, ayeul de celui qui fe préfente aujourd'hui pour recueillir, & qui eft par conféquent arriere-petit-fils de Catherine.

Enfin, M. de la Blache eft fils de la fille puînée; & n'étant que petit-fils de Catherine, il a fur M. le Marquis d'Efpinchal l'avantage d'un degré, foit par rapport à cette afcendante commune, foit relativement au dernier poffeffeur.

Chacun de ces trois defcendans de Catherine de la Baume réclame l'une & l'autre fubftitutions, & foutient devoir en exclure les deux autres; Madᵉ. la Marquife de Mirepoix, comme defcendant d'un mâle iffu de Catherine; M. de la Blache comme plus prochain d'un degré du dernier poffeffeur que M. le Marquis d'Efpinchal, & comme étant plus âgé que lui; enfin, M. le Marquis d'Efpinchal comme iffu de la fille aînée de Catherine, au lieu que M. de la Blache ne defcend que de la cadette.

Tels font les faits & les queftions que M. le Marquis d'Efpinchal foumet à l'examen & à la décifion du Confeil; & il le prie de s'expliquer en même tems fur les moyens & objections contenus en un Imprimé ayant pour titre, *Mémoire à confulter & Confultation pour M. le Comte de la Blache* &c. ladite Confultation datée de Paris du 20 Février 1764.

CONSULTA-TION. LE Confeil fouffigné, après avoir examiné le Mémoire à confulter ci-deffus, enfemble l'Imprimé ayant pour titre, *Mémoire à confulter & Confultation pour M. le Comte de la Blache* &c.

ESTIME

ESTIMÉ que les questions qui s'élevent entre M. le Marquis d'Espinchal, Madame la Marquise de Mirepoix & M. le Comte de la Blache, relativement aux substitutions fondées dans la Maison de la Baume en 1620 & 1622, devant se décider par l'intention des auteurs de ces substitutions, puisqu'il s'agit de sçavoir qui des trois contendans est appellé à les recueillir; le point essentiel dans cette affaire est de bien connoître, non-seulement la lettre de la donation de 1620 & du testament de 1622, mais plus particulierement encore l'esprit qui regne dans ces deux actes & qui a animé les Donateurs.

La lettre de la donation de 1620 est expresse en faveur des aînés mâles, descendans des filles aînées de la Maison de la Baume : en cas de défaillance de la descendance masculine, le Donateur *veut & entend que tous les biens par lui substitués cedent, demeurent & appartiennent de plein droit aux aînés mâles qui descendront des filles aînées de ladite Maison de la Baume.*

Si de l'examen de la lettre, on passe à la recherche de l'intention du Donateur, on le voit accorder partout & dans les différens ordres de sa substitution, la préférence à l'aînesse. Il déclare dans le préambule, qui sert d'introduction à ses dispositions & qui n'est fait que pour en annoncer l'esprit & la fin, qu'il *a grand desir & volonté de conserver & accroître la grandeur & la splendeur de sa Maison aux personnes des aînés, &c. . . . . . que sa principale fin & intention est que la Maison de l'aîné . . . . . soit toujours avancée en grandeur, & moyens.*

S'il dispose au profit de la masculinité, c'est toujours aux aînés mâles qu'il destine dans tous les cas sa libéralité; en donnant ses biens au Comte de Saint-Amour son frere, il dit qu'il l'en *invêt pour lui & les aînés mâles qui descendront de lui;* & il ordonne qu'après le décès de ce Donataire, les biens donnés retournent par *droit de fidéicommis, &c. . . . . . aux aînés mâles qui descendront de lui & se trouveront aînés quand le cas arrivera, & ainsi successivement d'aîné mâle en aîné mâle, perpétuellement & à toujours, & jusqu'à l'infini.*

Si prévoyant l'extinction de la postérité masculine de son frere, il établit un nouvel ordre de vocation dans sa descendance féminine; on a vu, que c'est encore en faveur des *aînés mâles qui descendront des filles aînées de la Maison de la Baume.*

Après avoir ainsi ordonné tout le plan de la substitution qu'il avoit en vue, il déclare de nouveau l'intention qui le fait agir, & qui *est de perpétuer* (dit-il) *ladite Maison* (de la Baume) *aux aînés mâles descendans des mâles & de ceux qui se trouveront aînés, quand le cas arrivera par le prédécès des premiers nés, & à défaut de descendance masculine, aux aînés mâles desdites filles de ladite Maison:* Et il est évident que par ces derniers termes, qui se referent nécessairement à ce qui précede, il entend les *aînés mâles qui descendront des filles aînées,* comme il venoit de l'exprimer dans la vocation des descendans des filles.

Enfin, malgré tout le soin avec lequel il vient d'expliquer sa volonté, il craint encore les équivoques & les doutes : & pour les prévenir, il charge son Donataire de solliciter une érection en

B

Majorat , *au profit des aînés mâles qui defcendront à toujours de ladite Maifon de la Baume, ou defdites filles aînées d'icelle*, &c.

Jamais intention ne fut donc plus pofitivement exprimée, plus fouvent répétée, plus évidente en un mot, que celle de l'auteur de la donation de 1620, de tranfmettre les biens par lui fubftitués, foit aux aînés mâles de la defcendance mafculine de fon frere, foit à défaut de cette defcendance mafculine, aux aînés mâles defcendans des filles aînées.

D'un autre côté, la lettre de la difpofition eft parfaitement analogue à cette intention ; & après l'extinction de la poftérité mafculine du Donataire, ce font les aînés mâles defcendans des filles aînées qui font appellés.

La volonté de l'auteur de la fubftitution de 1620, eft donc claire : elle doit donc être la loi des Parties, & il n'eft point permis de s'en écarter, parce que toute difpofition que les Loix abandonnent à la volonté de l'homme, ne reconnoît ni ne peut reconnoître d'autre regle que l'intention & la deftination de celui qui l'a fondée ; ce qui a même plus particuliérement lieu en fidéicommis. La volonté *eft en quelque façon* (dit Ricard en fon Traité des fubftitutions , chap. 7, n. 300,) *plus fouveraine & plus indépendante dans les fideicommis : c'eft-là le lieu de fa domination principale, & où elle n'a prefque pas d'autres bornes qu'elle-même : voluntas . . . . maximè in fidéicommiffis valet.*

Or pour nous borner à la difpofition qui, dans le cas prévu, appelle les defcendans des filles, & qui eft la feule à examiner ici, il réfulte de cette difpofition deux vérités également certaines : la premiere, qu'il n'y a de vocation en aucun cas pour les filles, & que dans la defcendance féminine, comme dans la defcendance mafculine, c'eft toujours un mâle qui eft appellé, enforte que le fidéicommis ne peut jamais aller à une fille : la feconde, qu'entre les mâles de la defcendance féminine, l'aîné des mâles defcendans de la fille aînée de la Maifon de la Baume doit être préferé ; enforte que s'il fe trouve plufieurs mâles, iffus de différentes filles, l'aîné de ceux qui defcendent de l'aînée de ces filles doit exclure & les autres mâles de fa ligne, & à plus forte raifon les mâles qui ne defcendent que des filles puînées.

Paffons au teftament d'Emmanuel-Philibert de la Baume de 1622.

Ce teftament renferme, comme la donation de 1620, deux ordres de fubftitution, un premier en faveur de la poftérité mafculine du Teftateur, & un fecond en faveur de fa defcendance féminine ; & ce dernier ordre raffemble diverfes difpofitions fucceffives, dont il eft néceffaire de bien faifir la marche & le progrès.

Tous les mâles & leurs defcendans mâles venans à défaillir, dit d'abord le Teftateur, *je veux que tous mes biens retournent à ma fille aînée* (Catherine de la Baume), *& après fon décès à fes enfans mâles, préferant l'aîné, & à condition de porter le nom & les armes pures & fimples de la Maifon de la Baume.*

Ici fe trouve une différence entre le teftament & la donation ; &

cette différence (la feule qu'on puiffe appercevoir entre ces deux actes) confifte en ce que la donation n'appelle en aucun cas les filles ; & que même en établiffant une vocation au profit de la defcendance féminine, cette vocation ne s'adreffe qu'aux mâles de cette defcendance exclufivement, au lieu que par le teftament, Catherine de la Baume eft appellée perfonnellement, & que ce n'eft qu'après elle & dans fa defcendance que les mâles font préferés aux femelles. Rien au refte n'eft plus évident que cette préference des mâles entre les enfans de Catherine ; & l'on voit de plus qu'entre les mâles, l'aîné eft préferé aux puînés , *préferant l'aîné* , &c.

Et au cas advenant (continue le Teftateur) *qu'elle* (Catherine) *vienne à mourir fans enfans mâles , ou fes enfans mâles fans enfans mâles , je veux que mefdits biens retournent à la feconde ; & à fes enfans mâles , préferant l'aîné* , &c.

Cette vocation de la feconde fille & de fa defcendance , eft abfolument la même que celle qui venoit d'être établie en faveur de la fille aînée par la difpofition précédente : la feconde fille eft perfonnellement appellée dans le cas prévu , & à fon défaut , ou après elle , le fidéicommis eft déferé à fes enfans mâles , & à l'aîné d'entr'eux par préférence au puîné ; & il réfulte de plus des premiers termes de cette feconde difpofition , *& au cas advenant que* Catherine *vienne à mourir fans enfans mâles , ou fes enfans mâles fans enfans mâles ,* que par *enfans mâles* le Teftateur dans l'une & l'autre vocation entend les mâles defcendans par mâles ; enforte que fi la fille aînée ne laiffant à fon décès que des filles , fa fœur puînée fe fût trouvée vivante ou qu'il eût exifté des mâles nés de cette feconde fille ou defcendus d'elle par mâles , le fidéicommis eût dû paffer à la fille puînée , ou à l'aîné de fes enfans ou defcendans mâles ; exclufivement foit aux filles de Catherine , foit même aux mâles iffus de ces filles.

Si le Teftateur fe fût borné aux deux difpofitions que nous venons d'examiner, fa fubftitution feroit entierement éteinte par le décès du Marquis de la Baume , dernier poffeffeur.

En effet , ces deux difpofitions ne renferment de vocation , comme on l'a prouvé , qu'en faveur de la fille aînée , de fa fœur , & de leurs enfans mâles , ou defcendans mâles par mâles.

Les deux fœurs font depuis long-tems décédées , & il ne refte d'elles ni enfans mâles , ni defcendans mâles iffus par mâles.

Le fecond ordre de fubftitution fondé pour la defcendance féminine du Teftateur , fe trouveroit donc caduc , par le défaut ou la défaillance des perfonnes appellées à en profiter : d'un autre côté , le premier ordre créé en faveur de la defcendance mafculine , manque également au moyen du décès du Marquis de la Baume , dernier mâle de fa Maifon , fans poftérité : il eft donc évident que dans le cas propofé , le fidéicommis auroit pris fin à l'époque de ce décès & ne fubfifteroit plus.

En un mot , ce feroit exactement l'efpéce d'une fubftitution faite par Ferdinand de Rye , Archevêque de Befançon , de plufieurs Terres qu'il poffedoit dans le Comté de Bourgogne , fubftitution qui a fait la matiere d'un Procès confidérable, jugé par Arrêt rendu en la Grand'Chambre, au rapport de M. de Paris, le 25 Janvier 1722.

Ferdinand de Rye, par fon teftament du 15 Juin 1636, avoit inftitué pour fon héritier univerfel Ferdinand de Rye, fon arriere petit neveu; il l'avoit enfuite grevé d'un fidéicommis perpétuel, en forme de *Majorat*, au profit des mâles defcendans par mâles de fa Maifon : Enfin, par une derniere difpofition, il avoit appellé les mâles defcendans par mâles de Louife de Rye fa niéce, en ces termes: *Et avenant, en quelque tems que ce foit, qu'il n'y refte plus aucun mâle defcendant par la ligne mafculine de mondit neveu . . . . . audit cas & non autrement , je veux que mondit Majorat & fidéicommis de mes biens paffe & retourne aux enfans mâles & defcendans par mâles en légitime mariage de ma bien aimée niéce Dame Louife de Rye, &c.*

La fubftitution avoit d'abord fourni deux degrés, outre l'inftitué, dans la ligne mafculine; & elle avoit depuis, par l'extinction de cette ligne, fucceffivement paffé à Ferdinand-Eleonor de Poictiers, fils de Louife de Rye, & après lui à Ferdinand-François & Ferdinand-Jofeph de Poictiers, fes fils & petit-fils, qui l'avoient recueilli à la fuite l'un de l'autre. Ainfi la fubftitution avoit déja roulé dans cinq mains différentes, non compris l'inftitué.

Ferdinand-Jofeph de Poictiers qui s'étoit marié à Paris au mois de Janvier 1715, y mourut le 29 Octobre de la même année, laiffant la Dame fon époufe enceinte, laquelle accoucha le 23 Décembre fuivant d'une fille.

Il ne reftoit plus alors aucuns mâles defcendans par mâles de Louife de Rye. Mais il en exiftoit deux qui en defcendoient par filles, fçavoir, Charles-Ferdinand-François Marquis de la Baume de Montrevel, & Jean-Paul-Philippe-Marguerite de Saint-Maurice Comte de Beaujan.

Ces deux derniers fe préfenterent pour recueillir le fidéicommis, & chacun d'eux demandoit qu'il lui fût adjugé à l'exclufion de l'autre.

La veuve du dernier Poffeffeur, comme Tutrice de fa fille, foutint qu'aucun des deux ne devoit être admis; elle fonda toute fa défenfe fur la difpofition même du teftament, qui n'appelloit que les *enfans mâles & defcendans par mâles de Louife de Rye;* elle en conclut avec raifon que le Marquis de la Baume de Montrevel & le Comte de Beaujan ne defcendans de Louife de Rye que par filles, & ne pouvant conféquemment réclamer une vocation uniquement établie en faveur des *mâles defcendans par mâles*, la fubftitution étoit caduque, & que les biens étoient libres dans la fucceffion de fon mari : & ils furent en effet adjugés à l'enfant poftume, comme héritiere de fon pere, par l'Arrêt dont on a ci-devant rappellé la date *.

* Ce Procès eft rapporté, avec le plus grand détail, au feptiéme volume du Journ. des Aud. édition de 1754, pag. 608 & fui.

Si donc l'Auteur du teftament de 1622 s'en étoit tenu aux deux premieres difpofitions qui concernent la vocation de la defcendance féminine, ce fecond ordre de fubftitution, entierement femblable à celui qu'avoit fondé Ferdinand de Rye, fe trouveroit également caduc; & tous les appellés qui fe préfentent aujourd'hui, n'auroient

pas

pas plus de droit , que n'en avoient en 1722 le Marquis de la Baume Montrevel & le Comte de Beaujan.

Mais Emmanuel-Philibert de la Baume, Teftateur, a porté fes vûes plus loin : comme il vouloit éternifer , autant qu'il étoit en lui, le fidéicommis qu'il créoit, il a fenti que les deux premieres difpofitions ne répondoient point à l'étendue de fon objet, & il en a en conféquence ajouté une derniere, qui, en apppellant toutes les filles & leurs defcendans à l'infini , embraffe tous les cas & tous les évenemens : *Et ainfi (pourfuit-il) des autres filles aux autres, aux conditions que deffus , fubféquemment jufqu'à nombre infini , & aux charges que deffus de porter lefdits nom & armes.*

De cette derniere difpofition , deux conféquences également fenfibles ; l'une , que toutes les filles & leurs defcendans, tant qu'il en exiftera , font appellés fucceffivement ; *& ainfi des autres filles aux autres . . . . . fubféquemment jufqu'à nombre infini :* l'autre , que cette nouvelle vocation doit avoir lieu dans la même forme & dans le même ordre que les deux précédentes, c'eft-à-dire, que les vocations qui venoient d'être établies en faveur de la premiere & de la feconde fille , & de leurs defcendans ; *aux conditions que deffus*, &c.

Or, dans quel ordre & en quelle forme Catherine de la Baume , fille aînée, la feconde fille & leurs defcendances, étoient - elles appellées ?

1°. Catherine étoit appellée la premiere , & enfuite fes enfans mâles & fes defcendans mâles par mâles : & la feconde fille , ainfi que fes enfans mâles & defcendans par mâles, n'étoient appellés qu'après Catherine & fa defcendance mafculine, ou à leur défaut.

2°. Entre les mâles iffus de ces deux filles par mâles, la préférence étoit toujours accordée à l'aîné ; *préférant l'aîné*, dit le Teftateur.

Le même ordre doit donc être obfervé par rapport aux autres filles & à leurs defcendans , en un mot, dans tout le cours de la fubftitution : & par conféquent, le cas prévu arrivant , la fille aînée & fes defcendans mâles par mâles excluent les autres filles & leurs defcendances, & entre les defcendans mâles par mâles de la fille aînée, l'aîné de ces defcendans prime les autres & leur donne l'exclufion.

La lettre du teftament bien connue, eft donc évidemment en faveur des filles aînées , de leur defcendance mafculine par mâles, & de l'aîné de cette defcendance : c'eft la conféquence néceffaire des difpofitions que nous avons rapportées , & de l'explication naturelle que nous venons d'en donner.

Veut-on après cela rechercher l'efprit qui regne fur toutes les difpofitions du même teftament ? La préférence en faveur de l'aîneffe , s'y montre & s'y reproduit fans ceffe.

En effet , s'agit-il de la part du Teftateur d'annoncer l'ordonnance générale de la fubftitution qu'il médite ? Il déclare qu'il veut que fes biens *paffent toujours par forme de Majorat à l'aîné des mâles de fa Maifon.*

Vient-il enfuite au développement & à l'application de ce plan ?

C

Il ordonne qu'advenant le décès de son fils aîné, ses biens retournent à ses enfans mâles & descendans par mâles, *préférant toujours l'aîné au puîné*, & il renouvelle la même préférence de l'aîné sur le puîné dans tous les dégrés de ce premier ordre de substitution, établi en faveur de l'agnation.

Enfin, passe-t-il de l'agnation à la cognation? C'est encore l'aîné, comme on l'a vû, qu'il préfere dans ce nouvel ordre.

Parfaitement d'accord avec la donation de 1620, le testament de 1622, & dans la lettre & dans l'intention, n'est donc pas moins favorable à l'aînesse : dans l'une & l'autre substitution, les aînés sont donc également préferés ; & quoi de plus naturel en effet, que cette analogie & cette conformité entre les deux dispositions?

D'un côté, leurs Auteurs se proposoient la même fin, qui étoit de conserver & d'augmenter le lustre & la splendeur de leur Maison. Ils devoient donc prendre la même route & les mêmes moyens.

D'autre part, les biens des deux substitutions étoient pour la plûpart mêlés & indivis, source inévitable de discussions & d'embarras, si la marche des dispositions eût été inégale : il convenoit donc que celui qui disposoit le second, se conformât au plan adopté par le premier.

Enfin, Philibert-Emmanuel, Testateur, possédant à l'époque de son testament les biens de la premiere substitution, n'eût-il pas été de la derniere inconséquence que voulant lui-même substituer des portions indivises des mêmes biens, il l'eût fait dans un ordre différent ?

Mais le titre même que Philippe de la Baume, Donateur en 1620, & Emmanuel-Philibert, Testateur en 1622, ont donné à leurs fidéicommis, fournit une nouvelle preuve, & la preuve sans contredit la plus invincible, de l'intention commune qu'ils ont eue d'accorder, & dans l'agnation & dans la cognation toute préférence à l'aîné de la branche aînée.

Tous deux s'accordent en effet dans la volonté d'imprimer aux substitutions qu'ils fondent, le titre de *Majorat*: Philippe de la Baume finit sa donation par une invitation à son frere, *de faire ériger* tous les biens donnés *en Majorat, au profit des aînés mâles qui descendront à toujours de la Maison de la Baume, ou desdites filles aînées d'icelle* : & Emmanuel-Philibert déclare expressément dans le préambule de la substitution contenue en son testament, qu'il veut que ses biens *passent toujours par forme de Majorat à l'aîné des mâles de sa Maison.*

Il ne s'agit point d'examiner si la Loi qui autorise les *Majorats* en Espagne, avoit lieu à l'époque de la donation & du testament dans la Province de Franche-Comté, qui étoit alors sous la domination Espagnole : & c'est très-inutilement qu'on a traité cette question pour M. de la Blache, parce que quand il seroit vrai que les *Majorats* d'Espagne n'auroient jamais été reçus en Franche-Comté, l'argument que va nous fournir le terme de *Majorat*, employé dans les deux substitutions, n'y perdroit rien & n'en seroit pas moins concluant.

Ce n'est pas certainement sans objet, que Philippe de la Baume a désiré que sa donation fût érigée en *Majorat*, & qu'à son exemple,

Emmanuel-Philibert fon frere, en fondant fon fidéicommis de 1622 ;
a ordonné qu'il eût aufli lieu dans la même forme : & on ne peut nier
que du moins leur intention n'ait été que leurs difpofitions fuffent
réglées par les principes des *Majorats*. Or, s'il eft conftant qu'en
Efpagne les Majorats fe déferent & fe tranfmettent par la prérogative
de l'aîneffe, la conféquence que nous ferons en état d'en tirer, eft
fenfible : il en réfultera néceffairement que l'aîneffe doit avoir la
même préférence dans les deux fubftitutions de la Maifon de la Baume :
& il ne nous en faut pas davantage fur une queftion, qui, encore un
coup, ne doit fe décider que par & d'après l'intention des Donateurs.

Toute la légiflation de l'Efpagne fur la tranfmiffion des Majorats,
eft réunie dans une feule Loi, qui eft la quarantiéme de celles faites
à Toro en 1505, fous le Regne de la Reine Jeanne. Or, non-feulement cette Loi déclare que tant en ligne collatérale qu'en ligne
directe, les Majorats doivent toujours aller à l'aîné ; mais elle établit
encore, dans l'une & l'autre ligne, la repréfentation à l'infini en faveur
de fes defcendans, de telle forte que le defcendant de l'aîné, en quelque dégré qu'il fe trouve, prime & exclud les puînés, quoiqu'ils
ayent fur lui l'avantage de la proximité.

Voici les termes même de la Loi, d'après la traduction qu'en a
donné Antoine Gomez.

*In fucceffione majoratus, etiamfi major natu filius ê vivis decedat eo
vivente qui majoratum tenet, aut is ad quem pertinet ; fi ejufmodi natu
major filius reliquerit fuperftitem filium, aut nepotem, aut defcendentem
legitimum, ejufmodi defcendentes natu majoris filii fuo ordine præferantur
filio fecundo ejus qui majoratum tenet, aut illius ad quem majoratus per-
tinebat. Quod non folum præcipimus ut fervet & fiat in fucceffione majo-
ratûs erga afcendentes, verum etiam erga tranfverfales, fic ut femper
filius & ejus defcendentes legitimi fuo ordine repræfentent perfonam paren-
tûm, etiamfi parentes non fucceferint in prædictis majoratibus, nifi
aliud fûerit conftitutum per illum qui majoratum inftituit atque ordinavit ;
nam in ejufmodi cafu, præcipimus ut voluntas inftitutoris fervetur.*

Rien de plus pofitif que cette Loi : ce n'eft pas à l'aîneffe
confidérée d'une perfonne à l'autre & du côté de l'âge, mais à
l'aîneffe de branche qu'elle donne la préférence : elle veut que la
defcendance de celui qui occupoit le premier rang dans la famille
foit épuifée, avant que le fidéicommis puiffe paffer à celui qui n'occupoit que le fecond rang & à fes defcendans : elle établit cette
préférence & cette repréfentation à l'infini dans la ligne collatérale,
comme dans la ligne directe, *quod non folum præcipimus . . . erga
afcendentes, verum etiam erga tranfverfales :* enfin le droit qu'elle accorde aux defcendans de l'aîné a également lieu, foit que leur
Auteur ait, ou non, recueilli & poffedé avant eux le Majorat, *ficut
femper filius & ejus defcendentes legitimi fuo ordine repræfentent perfonam
parentum, etiamfi parentes non fucceferint in prædictis majoratibus.*

Mais confirmons encore ces principes par l'autorité de deux des
plus célébres Jurifconfultes Efpagnols, de Gomez & de Molina,
qui ont l'un & l'autre traité cette matiere *ex profeffo.*

Antoine Gomez, en fon Commentaire fur la Loi que nous venons de rapporter, après avoir, §. 1, défini le Majorat en difant, *quod majoratus eft quædam dignitas & prærogativa cum fucceffione, quam habet primogenitus in cognatione fuâ*, traite, dans le §. 65, la queftion de fçavoir, le Poffeffeur d'un Majorat ayant laiffé à fon décès un fils puîné & un petit-fils né de fon fils aîné, à qui, du fils puîné ou du petit-fils defcendu de l'aîné, la préférence doit appartenir.

Il rapporte d'abord toutes les raifons qui peuvent militer pour le fils puîné, entr'autres la circonftance qu'il eft plus proche en dégré, foit du Fondateur du fidéicommis, foit du dernier Poffeffeur : *Certum eft*, (dit-il) *quod fivè refpicias perfonam fundatoris, fivè perfonam ultimi poffefforis, filius fecundus eft proximior in gradu.* Mais après avoir balancé toutes ces raifons, il n'héfite point à décider en faveur du petit-fils repréfentant l'aîné. *Sed his non obftantibus, contraria opinio eft verior & tenenda, imo quod . . . . præferatur nepos natus ex filio primogenito mortuo :* & il fonde fa décifion non-feulement fur la regle & fur l'ufage, mais encore fur les motifs de raifon & d'analogie les plus frappans ; par exemple, fur ce que le fils de l'aîné repréfentant fon pere dans les fucceffions divifibles pour y prendre la part que fon pere y eût prife s'il fe fût trouvé vivant, il doit le repréfenter également dans les fucceffions indivifibles, telles que la fucceffion des Majorats ; fur ce que la *primogéniture* étant une forte de dignité à laquelle eft attaché un droit de fucceffion & de préférence, cette dignité doit paffer avec fes effets, par la voye de la repréfentation, au defcendant de l'aîné ; fur ce qu'enfin par le droit général des Fiefs le fils de l'aîné repréfente fon pere en fucceffion féodale, & que réguliérement les Majorats & les Fiefs fe gouvernent par les mêmes maximes, *quià regulariter valet argumentum de feudo ad majoratum, & è contra*, &c.

Molina, en fon Traité de *Hifpanorum primogeniorum origine*, adopte & confirme en vingt endroits les mêmes principes. Voici en particulier de quelle maniere il s'en explique, Liv. 3, ch. 6.

Vera autem decidendi ratio ad illam Legem * *ea eft*, dit-il au §. 29 de ce chapitre, *quod fcilicet in primogenii inftitutione, femper cenfeatur vocata linea recta primogenitorum fucceffivè in infinitum de primogenito in primogenitum ex propriâ vocatione, etiam abfque juris alterius tranfmiffione : fub vocatione namque primogeniti non folum filius primogenitus, fed nepos & omnes primogeniti ex eo defcendentes in perpetuum, tam ex linea defcendentium, quam tranfverfalium, vocati effe intelliguntur . . . . ideoque dum fupererit aliquis ex linea illius qui femel jus primogenituræ acquifivit, nullus qui ex aliâ lineâ procedat, admittendus erit.*

Cet Auteur pofe enfuite pour principe que le droit de primogéniture eft acquis à l'aîné & à fa ligne, par le feul fait que cet aîné a exifté avec la prérogative de l'aîneffe, encore qu'il n'en ait jamais profité & que le *Majorat* ou fidéicommis ne fe foit ouvert qu'après fon décès.

Il foutient & prouve, §. 43, que dans ce genre de difpofition, la repréfentation

repréfentation à lieu infiniment, & que par le fecours de cette repréfentation, tous les defcendans de ceux qui fe trouvent dans la ligne
de l'aîné, ont même, en quelque forte, une vocation propre & per-
fonnelle : *quamvis hæc non tam repræfentatio, quam propria vocatio ac
fubftitutio cenfenda fit.*

Enfin, il établit dans les §. 49 & 50 du même chapitre & dans
plufieurs autres endroits de fon Traité, que la repréfentation intro-
duite par la quarantiéme des Loix de *Toro*, eft effentiellement la repréfentation de l'aîneffe, & qu'en conféquence celui qui l'a en fa
faveur, doit être préféré aux parens des autres lignes, quoiqu'ils
ayent l'avantage du dégré & de la proximité.

Il eft donc démontré, que dans la fucceffion des Majorats, la
préférence appartient toujours & effentiellement à l'aîneffe, &
qu'entre deux lignes, l'une aînée & l'autre puînée, tant qu'il refte
quelque defcendant de la première, les perfonnes de la feconde ne
peuvent être admifes, encore que plus prochaines en dégré, foit de
l'Auteur, foit du dernier Poffeffeur du *Majorat.*

Philippe & Emmanuel-Philibert de la Baume ont voulu, l'un que
fa donation fût érigée en *Majorat*, l'autre que le fidéicommis porté
par fon teftament, fe tranfmît dans fa defcendance par forme de
Majorat.

Sans examiner fi cette fimple déclaration de leur intention a pû
imprimer le titre & le caractère du *Majorat* à leurs difpofitions, il
en réfulte du moins que leur volonté a été que les principes des
Majorats y fuffent fuivis : c'eft du moins la même chofe, que fi s'étant
bornés à fonder des fubftitutions ordinaires, ils euffent ajouté qu'ils
entendoient que la tranfmiffion s'en fit à *l'inftar* de celle des *Majorats*,
& cette condition n'auroit affurément rien de contraire aux Loix.

Donc, cette volonté fi caractérifée des Auteurs des deux fubftitutions, qu'elles foient érigées en *Majorat*, qu'elles s'exécutent *par
forme de Majorat*, devient une nouvelle preuve de la préférence qu'ils
ont entendu donner à l'aîneffe dans tous les cas, dans tous les ordres
& dans tous les dégrés.

Ainfi, & la lettre des difpofitions, & l'efprit général qui y regne &
qui les gouverne, & l'intention manifeftée par leurs Auteurs qu'elles
foient régies & déférées pas les regles des Majorats, toutes les circonftances en un mot qu'il eft poffible de raffembler en pareille
matiere, dépofent de la préférence attribuée à l'aîneffe dans toutes
les lignes & dans toutes les branches.

Faifons maintenant l'application de ce principe aux deux fidéicommis, & aux divers prétendans qui fe préfentent pour les recueillir.

Les filles ne font appellées en aucun cas à la fubftitution appofée **DONATION**
de 1620.
à la donation de 1620; & fi à défaut de poftérité mafculine, le Do-
nateur la défere à la defcendance féminine de fon Donataire, il n'y
appelle que les feuls mâles de cette defcendance, il veut *que tous
fefdits biens cedent, demeurent & appartiennent de plein droit aux aînés
mâles qui defcendront des filles aînées de ladite Maifon de la Baume, &c.*

Deux conditions font donc néceffaires, pour pouvoir obtenir ce

premier fidéicommis ; fçavoir , la mafculinité , & le titre de defcendant de la fille aînée de la Maifon de la Baume.

La prérogative du fexe manque à Madame la Marquife de Mirepoix ; elle ne réunit donc point les deux conditions aufquelles la vocation eft attachée : & par conféquent cette vocation ne fe vérifie
point en fa perfonne , & ne peut jamais la regarder.

A l'égard de M. de la Blache , s'il a l'avantage de la mafculinité ,
il n'a point celui de l'aîneffe : ainfi il eft dans le même cas que Madame
la Marquife de Mirepoix , avec cette feule différence , que c'eft par
le défaut d'une des deux conditions que la prétention de celle-
ci péche , & que la fienne péche par le défaut de l'autre.

Le Donateur , on ne peut trop le répéter , appelle préférablement
les aînés males defcendans des filles aînées de fa Maifon. Or , on ne peut
envifager ici l'aîneffe des filles qu'en deux manieres ; ou relativement
aux deux fœurs de qui M. de la Blache & M. le Marquis d'Efpinchal
defcendent ; ou relativement à Catherine de la Baume , mere commune
de ces deux fœurs.

Sous le premier point de vûe , M. de la Blache ne defcend point
d'une fille aînée de la Maifon de la Baume , puifque Madame fa
mere n'étoit que puînée dans la defcendance de Catherine , & avoit
une fœur ainée , qui étoit Madame d'Efpinchal , ayeule paternelle de
M. le Marquis d'Efpinchal.

Sous le fecond point de vûe , Catherine mere commune , étoit
fans contredit l'aînée des filles de la Maifon de la Baume. Mais il eft
certain & en général , & dans les principes des Majorats , que la
prérogative de l'aîneffe ne fe tranfmet dans la defcendance d'un
aîné , que d'aîné en aîné , enforte que c'eft toujours l'aîné des defcendans de l'aîné , qui repréfente fon pere & lui eft fubrogé dans les
droits & dans l'avantage de l'aîneffe : *de primogenito in primogenitum* ,
dit Molina. Madame d'Efpinchal étant l'aînée de Madame de la
Blache , c'eft donc cette aînée , & qui au défaut de fa mere eft
devenue la fille aînée de fa Maifon , & en qui s'eft opérée , d'après
la regle des Majorats , la repréfentation au droit d'aîneffe de la mere
commune.

Ainfi fous un point de vûe , comme fous l'autre , M. de la Blache fe
trouve en défaut fur une des deux conditions de la vocation , fur le
titre de defcendant d'une fille aînée de la Maifon de la Baume : & conféquemment il n'a pas plus de droit , que n'en a Madame la Marquife de
Mirepoix.

Mais ces deux conditions fi étroitement requifes par le Donateur ,
& dont l'une ou l'autre fe refufent aux deux Adverfaires de M. le
Marquis d'Efpinchal , fe trouvent réunies dans fa perfonne ; il joint à
la prérogative de la mafculinité , celle d'être iffu de la fille aînée de
Catherine , d'une fille qui a été doublement aînée de la Maifon
de la Baume , foit comme ayant été fubrogée à l'aîneffe qui avoit
réfidé dans la perfonne de fa mere , foit comme ayant , après fa mere ,
occupé le premier rang entre les filles de fa Maifon.

C'eft donc en lui , & ce ne peut même être qu'en lui feul , que fe vérifie la vocation écrite dans la donation de 1620 ; & par une suite nécessaire, c'est à lui qu'appartient le fidéicommis attaché à cette vocation, & c'est à son profit que ce fidéicommis s'est ouvert par le décès du Marquis de la Baume, dernier possesseur.

Par rapport à la substitution fondée en 1622 par Emmanuel-Philibert de la Baume, on se rappelle dans quel ordre & en quelle forme les filles & leurs descendans, y sont appellés. TESTAMENT de 1622.

Catherine de la Baume, fille aînée, & ses descendans mâles par mâles, y sont appellés les premiers, l'aîné préféré ; & la preuve que la vocation ne s'applique qu'aux descendans mâles par mâles, résulte de ce que la seconde fille est appellée au cas que Catherine vienne à mourir *sans enfans mâles*, & *ses enfans mâles sans enfans mâles*. Ainsi dans la substitution faite en faveur de la cognation, Catherine, fille aînée, & sa descendance masculine par mâles occupent le premier rang, avec préférence pour l'aîné.

Viennent ensuite la seconde fille & ses descendans mâles par mâles, l'aîné également préféré.

Enfin par une derniere disposition, dont la généralité embrasse toutes les générations, toutes les filles qui descendront de la Maison de la Baume sont appellées dans le même ordre, sous les mêmes conditions, successivement les unes aux autres, & jusqu'à l'infini : *Et* AINSI (dit le Testateur) *des* AUTRES FILLES *aux autres, aux conditions que dessus, subséquemment, jusqu'au nombre infini.*

L'ordre de ces diverses vocations est sensible.

La fille aînée & ses enfans mâles, & descendans mâles par mâles, recueilleront les premiers ; ensorte que tant qu'il y aura des descendans mâles par mâles de Catherine, les autres branches ne pourront être admises.

Mais si Catherine & ses descendans mâles par mâles décedent sans postérité, ou même sans postérité masculine par mâles, alors le fidéicommis passe à la seconde fille, & à ses descendans mâles par mâles : & il doit suivre le même progrès à l'égard de toutes les branches & de toutes les générations, au moyen de la derniere clause : *Et ainsi des autres filles aux autres, aux conditions que dessus, subséquemment, jusqu'au nombre infini.*

Ainsi dans cette substitution *cognatique*, le Testateur a suivi de ligne à ligne le progrès des générations, & l'ordre de la primogéniture entre les différentes lignes ; ensorte que la premiere ligne manquant de mâles issus par mâles, la substitution passe à la seconde, & de même de la seconde à la troisiéme, & successivement jusqu'à l'infini de génération en génération, tant qu'il restera des filles de la Maison de la Baume & des mâles descendans d'elles par mâles, la prérogative de primogéniture toujours gardée d'une ligne à l'autre.

Si Catherine de la Baume, après avoir recueilli, n'eût laissé en mourant que des filles, la substitution eût dû, aux termes du testament, passer, à l'exclusion de ses filles, à sa sœur & à sa descendance.

Elle seroit de même passée à la troisiéme sœur & à ses descendans mâles par mâles, fi la feconde, ayant auffi recueilli, fût pareillement décédée ne laiffant que des filles.

Le Teftateur préfere donc les filles de la premiere génération à celles de la feconde, encore que le fidéicommis ait réfidé dans la ligne de ces dernieres : Donc, (& c'eft une conféquence néceffaire de la derniere claufe, *& ainfi des autres filles aux autres, aux conditions que deffus*) il préfere également la feconde génération à la troifiéme, celle-ci à la fuivante, & de même de générations en générations : Donc, la préférence qu'il accorde à fes filles du premier dégré fur celles du fecond, a également lieu pour celles-ci fur les filles du troifiéme dégré, & ainfi de fuite : Donc enfin, les filles de Catherine de la Baume aînée, priment leurs niéces, petites-filles de leur mere, comme elles étoient elles-mêmes primées par leurs tantes, filles du Teftateur & fœurs puînées de Catherine.

Revenons maintenant à l'état actuel de la famille.

Catherine & fes deux fœurs font décédées, & il ne paroît pas que ces dernieres ayent laiffé de poftérité. Ainfi la premiere génération eft effacée, & c'eft la feconde qui prend fa place.

Dans cette pofition, trois defcendans de Catherine fe préfentent ; Madame la Marquife de Mirepoix, iffue du fils ; M. le Marquis d'Efpinchal, petit-fils de la fille aînée; & M. de la Blache, fils de la fille puînée.

Si la fubftitution eût été recueillie par Catherine & enfuite par fon fils, n'y ayant point de mâles du dernier, Madame la Marquife de Mirepoix qui le repréfente, feroit obligée de la reftituer à l'aînée des deux filles, ou aux defcendans mâles par mâles de cette aînée, au moyen de la préférence accordée par le teftament à la génération qui occupe le premier rang, fur celle qui ne remplit que le fecond. M. le Marquis d'Efpinchal defcend par mâles de la fille aînée de Catherine : Madame la Marquife de Mirepoix lui devroit donc la reftitution du fidéicommis, fi elle l'eût trouvé dans la fucceffion de celui de qui elle defcend; & elle devroit de même cette reftitution à M. de la Blache, fils de la feconde fille, s'il ne reftoit point de poftérité mafculine de la premiere : à plus forte raifon par conféquent, ne peut-elle le recueillir à leur exclufion, lorfqu'il n'eft jamais entré dans fa ligne. Ainfi s'écarte Madame la Marquife de Mirepoix.

Le Teftateur ne s'eft pas borné à regler la vocation des diverfes générations entr'elles, en préférant les premieres aux dernieres, chacune dans fon ordre. Il a encore déterminé, avec le même foin, le droit refpectif des différentes branches de chaque génération confidérée féparément, en appellant d'abord fa fille aînée & fes defcendans mâles par mâles, enfuite fa feconde fille & fa poftérité mafculine, puis la troifiéme, enfin toutes les filles de fa Maifon à l'infini, & *aux mêmes conditions.*

Ainfi, de même que la premiere génération prime la feconde & celle-ci la troifiéme, de même dans chaque génération, la premiere branche exclut celle qui la fuit, & qui à fon tour donne l'exclufion à une autre, &c. Enforte qu'il faut que la branche qui fe trouve

la

la premiere, soit entierement épuifée, avant que la branche fuivante puiffe venir utilement.

M. le Marquis d'Efpinchal defcend par mâles de la fille aînée de Catherine de la Baume ; il eft donc dans la premiere branche, dans la branche aînée de la feconde génération, au lieu que M. de la Blache, fils de la feconde fille, ne fe trouve que dans la branche puînée : & par conféquent M. le Marquis d'Efpinchal n'a pas moins d'avantage fur M. de la Blache relativement à la fubftitution de 1622, qu'il n'en a & vis-à-vis Madame la Marquife de Mirepoix, & par rapport à la fubftitution de 1620.

Soit donc qu'on s'attache à la difpofition littérale des deux actes, foit qu'on confulte l'efprit & l'intention qui y dominent ; foit qu'on ait recours aux regles du *Majorat*, aufquelles les Auteurs de ces deux actes ont certainement pu & voulu fe conformer ; en un mot, fous tous les points de vûe poffibles, la fupériorité du droit de M. le Marquis d'Efpinchal à l'un & à l'autre fidéicommis paroît évidente ; & on ne fçauroit préfumer, qu'aucun de fes deux Adverfaires puiffe les obtenir à fon exclufion.

Il n'a point à craindre d'ailleurs, qu'on lui oppofe l'épuifement des dégrés de ces deux fubftitutions.

La premiere n'en a encore parcouru que trois, & celle de 1622 n'étoit qu'au fecond dans la main du dernier Poffeffeur.

Or, il eft conftant qu'aucune Ordonnance n'a jufqu'à préfent limité le cours des fidéicommis en Franche-Comté, & que les Dona-teurs & Teftateurs y font les maîtres d'en étendre l'effet & la durée, autant qu'ils le jugent à propos : On peut confulter fur ce point, qui eft incontestable, les Mémoires donnés dans la Caufe de la fubfti-tution fondée par Ferdinand de Rye *, l'article 32 du titre premier de l'Ordonnance des Subftitutions de 1747 & le Commentaire de Me. Sallé fur cet article.

Reftent à examiner les objections répandues dans la Confultation faite pour M. de la Blache.

L'Auteur de la donation de 1620, après avoir dit qu'il veut que tous fes biens paffent de plein droit *aux aînés mâles, qui defcendront des filles aînées de ladite Maifon de la Baume*, ajoute de fuite, *qui attou-cheront en plus prochain dégré au dernier mâle de ladite Maifon, qui fera décédé & aura tenu lefdits biens :* & le teftament de 1622 renferme les mêmes expreffions, mais feulement dans le premier ordre de fubfti-tution fait en faveur de l'agnation, c'eft-à-dire, des mâles & defcen-dans mâles par mâles de la Maifon de la Baume. Or, c'eft de ces derniers termes, *qui attoucheront, &c.* que M. de la Blache tire fon principal moyen ; & voici comment il raifonne :

Il s'agit (dit-il) d'un fidéicommis indivifible, qui ne pouvant réfider fur deux têtes à la fois, doit néceffairement être recueilli par un feul. Nous fommes d'accord fur ce point avec M. de la Blache : auffi foutenons-nous qu'il n'a rien à prétendre dans les deux fubfti-tutions, & qu'elles doivent être déférées, pour le tout, à M. le Mar-quis d'Efpinchal.

E

Or, pour avoir droit à ce fidéicommis (continue-t-il,) il faut réunir quatre qualités différentes ; celle de descendant de Catherine de la Baume, fille aînée ; celle de mâle ; celle d'aîné ; & celle de parent plus proche du dernier Posseffeur.

Je réunis , (c'eft toujours M. de la Blache qui parle,) ces quatre titres , au lieu que les deux derniers manquent à M. d'Efpinchal ; nous fommes l'un & l'autre defcendans mâles de Catherine de la Baume, fille aînée de fa Maifon : mais je fuis fon aîné , parce que je fuis plus âgé que lui : enfin je fuis en même-tems plus prochain en dégré du dernier Posseffeur, parce que lui tenant, ainfi que M. d'Efpinchal, par Catherine de la Baume , je fuis petit-fils de celle-ci, au lieu que M. d'Efpinchal n'eft que fon arriere-petit-fils.

Donc, conclut-il , les deux fubftitutions doivent m'appartenir. Tout ce fyftême porte, comme on le voit, fur deux points ; d'un côté, fur une équivoque que fait naître M. de la Blache fur la qualité d'aîné requife par les deux actes , en prétendant que l'aîneffe ne doit s'envifager qu'entre les appellés qui fe préfentent pour recueillir , & eu égard à la différence d'âge qui fe trouve entr'eux ; d'autre part, fur ce que Philippe & Emmanuel-Philibert de la Baume, en préférant les aînés , paroiffent defirer auffi la plus grande proximité de dégré avec le dernier Posseffeur.

Mais d'abord, combien l'interprétation que M. de la Blache donne ici à l'aîneffe, n'eft-elle pas forcée, & contraire foit à la lettre & à l'efprit de la donation de 1620 & du teftament de 1622, foit aux principes des fubftitutions graduelles , foit aux regles particulieres des *Majorats*, regles, on ne peut affez le répéter , expreffément adoptées par les Auteurs des deux actes.

1°. Ce font les *aînés mâles qui defcendront des filles aînées de la Maifon de la Baume*, qui font littéralement appellés : Il ne s'agit donc pas fimplement d'une aîneffe d'âge entre deux prétendans, mais de l'aîneffe dans la defcendance des filles aînées , & de l'aîneffe dans la Maifon. Or, ce n'eft que dans M. le Marquis d'Efpinchal que cette double aîneffe fe vérifie : Il eft l'aîné dans la defcendance de Catherine, fille aînée de la Maifon, puifqu'il defcend de la fille aînée de cette aînée ; & il eft en même-tems l'aîné dans la Maifon, puifque Madame d'Efpinchal fon ayeule & fille aînée de Catherine, a été l'aînée de fa Maifon après le décès de fa mere.

2°. Philippe & Emmanuel-Philibert de la Baume répétent fans ceffe, que c'eft en faveur des aînés de leur Maifon qu'ils fondent les deux fubftitutions. Ils n'entendoient donc point parler d'une fimple aîneffe de perfonne à perfonne , & fondée fur la feule différence de l'âge.

3°. En toute fubftitution graduelle , dans les fubftitutions furtout qui, comme celles dont il s'agit, ont pour objet de perpétuer le luftre & la fplendeur des grandes Maifons, ce n'eft jamais que l'aîneffe de ligne & de Maifon qui eft confidérée, & tant qu'il refte quelqu'un d'une ligne qui a l'avantage de la primogéniture, la ligne qui fuit n'eft point admife. *Donec extant aliqui de unâ lineâ* (dit Peregrinus) *omnes alii alterius lineæ non admittuntur.*

C'eft ainfi que fe regle la préférence au retrait ducal, qui eft une efpèce de fubftitution légale des Duchés-Pairies.

Les fucceffions des Couronnes, dans les Etats même où elles paffent aux femelles, fe gouvernent également par un ordre linéal, qui au défaut de mâles y fait fuccéder les filles, & après elles tous leurs defcendans.

C'eft en un mot la regle de tous les fidéicommis graduels, établis dans la vuë de conferver les biens & la fplendeur des Maifons illuftres : & cette regle confirmée dans toutes les occafions qui s'en font préfentées, l'a été de la maniere la plus expreffe par un Arrêt du 13 Juillet 1712; l'efpèce & les motifs font rapportés au fixième volume du Journal des Audiences, pages 265 & fuivantes.

Laurent de Gorrevod, d'une des premieres Maifons de la Province de Breffe, avoit, par fon teftament du 26 Mai 1527, fondé une fubftitution agnatique, graduelle, perpétuelle & d'aîné en aîné, dans la defcendance de Jean de Gorrevod fon coufin germain, avec claufe qu'en cas de décès de cet inftitué fans enfans mâles, ou de fes enfans mâles fans enfans mâles, le fidéicommis pafferoit à celle de fes filles qu'il voudroit nommer & choifir.

Le cas prévû de la défaillance de la mafculinité étant arrivé, la fubftitution fut reclamée par les repréfentans de trois filles de Jean de Gorrevod, & ceux de l'aînée fe trouvant plus éloignés en dégré foit du Teftateur, foit du dernier poffeffeur, les autres lignes foutenoient que l'aîneffe ne devoit être confidérée qu'entre les perfonnes d'une même ligne, & non de ligne à ligne.

Mais malgré tous leurs efforts, la regle triompha, & la fubftitution fut déclarée ouverte au profit de la ligne aînée, ou ce qui eft la même chofe, de la defcendance de l'aînée des trois filles.

Enfin fi l'on s'attache aux principes du *Majorat*, fuivant lefquels Philippes & Emmanuel-Philibert de la Baume ont voulu que leurs difpofitions fuffent executées, l'aîneffe de ligne & de Maifon, eft encore la feule à laquelle il foit permis de s'arrêter.

La 40°. des Loix de Toro, appelle toujours & préférablement les repréfentans des aînés, tant en ligne collatérale qu'en ligne directe : *Quod non folum præcipimus ut fervet & fiat in fucceffione majoratus erga afcendentes, verum etiam erga tranfverfales.* Or conftamment l'aîneffe par repréfentation en ligne collatérale ne peut s'entendre que de l'aîneffe de ligne ; auffi Molina n'héfite-t-il point à le décider de la maniere la plus affirmative d'après cette Loi : *Ideoque*, dit-il, *dum fupererit aliquis ex lineâ illius qui femel jus primogenituræ acquifivit*, qui a eu le titre & la qualité d'aîné, *nullus qui ex aliâ lineâ procedat, admittendus erit.*

L'aîneffe dont parlent la donation & le teftament, n'eft donc & ne peut même être que l'aîneffe de ligne, l'aîneffe dans la Maifon de la Baume. L'explication contraire que M. de la Blache en donne, eft donc inadmiffible ; & par conféquent le premier foutien de fon fiftême lui échappe entièrement, & n'appartenant qu'à une ligne puînée, il ne peut difputer l'aîneffe à M. le Marquis d'Efpinchal qui defcend de la ligne aînée.

Quant à la proximité de dégré par rapport au dernier Possesseur, ce second prétexte s'écarte en trois manieres différentes.

Premiérement, la condition d'être le plus proche en dégré du dernier Possesseur, n'est appoſée par le teſtament de 1622, qu'au premier ordre de ſubſtitution qui regarde l'agnation, & ne l'eſt point au ſecond ordre de ſubſtitution, qui y eſt établi en faveur de l'agnation : & comme c'eſt de ce ſecond ordre qu'il s'agit aujourd'hui, il doit donc s'exécuter indépendamment de cette condition & ſans qu'il ſoit permis de l'y ſuppléer, parce qu'il ne l'eſt jamais d'ajouter aux volontés d'un Teſtateur, parce que les conditions de rigueur ne s'étendent point d'un cas à l'autre, & parce qu'un Teſtateur qui pouvoit diſpoſer ſans une certaine condition, a pû vouloir la preſcrire dans un cas, & ne la point preſcrire dans un autre.

A l'égard de la donation de 1620, la condition s'y trouve en effet dans la vocation des deſcendans des filles : mais voici en quels termes : *aux aînés mâles qui deſcendront des filles aînées de ladite Maiſon de la Baume, qui attoucheront en plus prochain degré au dernier mâle, &c.*

Or, en ſuivant l'ordre de l'écriture & le ſens grammatical, ces termes *qui attoucheront, &c.* ſe rapportent certainement au ſubſtantif qui précede, & par conſéquent aux filles aînées ; & on l'a tellement reconnu, que toutes les fois que dans le Mémoire & dans la Conſultation donnés pour M. de la Blache on parle de cette clauſe en raiſonnement, on a grand ſoin de faire précéder les termes *qui attoucheront* de la particule *&* qui ne ſe trouve point dans le texte, & qui cependant y ſeroit néceſſaire pour faire rapporter ces termes aux aînés mâles.

Mais ſi dans le ſens exact & littéral, la condition *qui attoucheront* ſe rapporte aux filles aînées, M. le Marquis d'Eſpinchal ne l'a pas moins pour lui que M. de la Blache, puiſqu'il deſcend également de Catherine de la Baume, aînée de la deſcendance féminine, & qu'il en deſcend même par ſa fille aînée, au lieu que M. de la Blache n'en deſcend que par une puînée.

Ainſi, premiere réponſe, tirée de l'état du teſtament & de la donation : la condition manque abſolument dans le teſtament : & dans la donation, elle ne ſe rapporte point aux mâles appellés à recueillir, mais aux filles aînées dont ces mâles ſont iſſus.

Secondement, en ſuppoſant pour un moment avec M. de la Blache, que la condition ſe trouve dans le teſtament comme dans la donation, & que dans l'un & l'autre acte elle ſe réfere aux deſcendans des filles appellés à recueillir, elle ne pourroit y être regardée que comme un ſimple pléonaſme avec la qualité d'aîné, dans l'intention du Donateur & du Teſtateur.

Comme le cas le plus ordinaire, eſt que l'aîné ſoit le plus prochain de celui après lequel il vient & à qui il ſuccede, il eſt très-vraiſemblable que c'eſt en effet tout ce qu'ont voulu dire Philippe & Emmanuel-Philibert de la Baume, en ajoutant au titre d'aîné, par

une

une efpece de développement, celui de plus prochain en degré du dernier poffeffeur : & la vraifemblance devient encore plus grande, lorfque la double expreffion fe rencontre, comme ici, dans la bou-che de deux perfonnes de qualité, qui raifonnent fuivant le langage ordinaire & d'après ce qui arrive le plus fréquemment, & qui ne fe livrent point à tous les calculs & à toutes les fupputations dont un homme de loi peut s'occuper.

En tout cas, il eft certain que le fens que M. de la Blache prête, fuivant l'intérêt de fa Caufe, à cette condition de proximité, eft totalement inconciliable avec la préférence que le Donateur & le Teftateur accordent continuellement aux aînés dans toutes les lignes & dans toutes les branches, & avec ce vœu de perpétuité qui éclate de toutes parts dans leurs difpofitions.

Ne pouvoit-il pas arriver en effet, que dès la première ouver-ture du fidéicommis, il ne reftât qu'un petit-fils de l'inftitué, en-fant de fon fils aîné, avec un frere puîné de cet aîné, fils comme lui de l'inftitué?

Le petit-fils auroit eû pour lui la prérogative de l'aîneffe, mais il n'auroit point été le plus prochain du dernier Poffeffeur.

Le frere de l'aîné, oncle de ce petit-fils, auroit eû l'avantage de la proximité, mais non celui de l'aîneffe.

Aucun des deux ne réuniffant les deux conditions, aucun n'eût été habile à profiter du fidéicommis : ainfi cette préférence fi folemnelle-ment accordée à l'aîneffe de ligne & de Maifon & tant de fois ré-pétée en fa faveur, auroit manqué dès le premier pas : & cette fubfti-tution établie avec tant de foin par fes deux Auteurs, dont l'objet eft de *conferver & d'accroître* d'âge en âge *la fplendeur & la grandeur de leur Maifon, aux perfonnes des aînés mâles qui defcendront d'icelle,* à la durée de laquelle en un mot ils ne donnent d'autres bornes que la durée même de la defcendance tant mafculine que fémi-nine de la Maifon de la Baume, n'auroit pas fourni deux degrés.

Nous le répétons : il eft impoffible de donner à la condition de proximité un fens qui entraîneroit de fi étranges conféquences : & l'impoffibilité de fe prêter à une pareille idée, eft une raifon de plus pour penfer que par le titre de *plus prochain en degré,* &c. Philippe & Emmanuel-Philibert de la Baume ont fimplement en-tendu une proximité, qu'ils fuppofoient réfider toujours dans la per-fonne de l'aîné, parce qu'elle s'y rencontre le plus fouvent.

Troifiémement la queftion s'eft préfentée dans une efpece toute femblable.

La Coutume de Peronne porte en l'article 178, qu'en fucceffion collatérale, *le plus prochain collatéral mâle aîné, venant du plus âgé mâle, fuccede entiérement aux Fiefs.*

Une fucceffion collatérale s'étoit ouverte dans cette Coutume, au profit d'un frere puîné du défunt, & d'un neveu, fils de fon frere aîné, & cette fucceffion renfermoit plufieurs Fiefs.

Le frere puîné étant enfuite décédé, fes enfans prétendirent con-tre leur coufin, fils de l'aîné, que les Fiefs devoient leur appar-

F

tenir pour le tout du chef de leur pere, qui ayant survêcu au défunt lui avoit succedé, & qui avoit sur son neveu le double avantage, & d'être plus prochain en degré, & d'être son aîné : & il est essentiel d'observer que la Coutume de Peronne semble en plusieurs articles attribuer indistinctement l'aînesse à l'ancienneté de l'âge.

Le neveu, fils du frere aîné, répondoit que dans cette Coutume les Fiefs étant indivisibles & ne pouvant être recueillis que par un seul, il n'est pas possible qu'elle ait accordé la préférence à la proximité prise dans le sens ordinaire, parce qu'il arrive souvent qu'il se trouve plusieurs héritiers dans le même degré ; qu'il résulte au contraire de leur indivisibilité, qu'elle les défere préférablement à l'aîné, dont la qualité est unique & singuliere ; que bien loin que celui-là soit appellé l'aîné qui est le plus prochain, celui-là au contraire est le plus prochain qui est l'aîné ; qu'en un mot, c'est cette prérogative d'aînesse, qui rend plus prochain l'aîné de ceux qui sont également proches, soit que cet aîné le soit de son chef, ou du chef de sa ligne seulement & par l'effet de la représentation qui a lieu en cette Coutume dans les termes de Droit : & par Arrêt du 22 Juin 1679, confirmatif d'une Sentence des Requêtes du Palais, les Fiefs furent adjugés au neveu, fils du frere aîné *.

* Journ. du Palais, édition in 4°. tome 7, pag. 351 & suiv.

Il s'agit ici d'un fidéicommis indivisible, ainsi que le dit lui-même M. de la Blache ; & la représentation y a en même tems lieu, soit au moyen de la préférence accordée à l'aînesse dans toutes les lignes & des unes aux autres, soit d'après les principes généraux des fidéicommis graduels, soit par la regle particuliere des Majorats.

La qualité de plus prochain doit donc s'interpréter entre M. d'Espinchal & M. de la Blache, comme l'Arrêt qui vient d'être rapporté, l'a interpretée dans la Coutume de Peronne entre l'oncle & le neveu, fils du frere aîné : cette qualité de plus proche, appartient donc à celui des deux qui se trouve l'aîné, soit par lui-même, soit par représentation de son auteur : ce titre d'aîné ne se rencontre qu'en M. le Marquis d'Espinchal seul, & il l'a doublement, soit comme représentant Catherine de la Baume sa bizayeule, soit du chef de son ayeule, fille aînée de Catherine ; & par conséquent, en supposant qu'ont dût s'arrêter à cette condition de proximité dont M. de la Blache prétend tirer tant d'avantage, ce seroit dans M. le Marquis d'Espinchal qu'elle se vérifieroit, attendu sa qualité d'aîné de ligne & de Maison.

La seconde baze que M. de la Blache donne à son système, n'a donc rien de plus solide que la premiere ; & il n'a pas plus de fruit à se promettre de tous les raisonnemens qu'il fait sur la condition de proximité, que de l'idée bizarre & singuliere de se prétendre l'aîné à raison de son âge, quoiqu'il ne soit que d'une ligne puînée, idée même d'autant moins propre à réussir aujourd'hui, qu'on voit qu'elle a déja été proposée sans succès, par un oncle contre son neveu, dans la question jugée par l'Arrêt de 1679.

Discutons une nouvelle objection de M. de la Blache.

Comme il ne peut se dissimuler combien les regles des Majorats Espagnols lui sont contraires, voici ce qu'il imagine pour y échapper.

Il veut qu'on juge du Majorat que Philippe & Emmanuel-Philibert de la Baume ont eû intention de fonder, d'après un traité des Majorats d'Italie, fait par *Joannes Torré*.

Cet Auteur, dit-il, distingue deux sortes de Majorats; un Majorat qu'il appelle régulier, parce qu'il imite & suit l'ordre des successions, *ita ut proximior in gradu semper præcedat remotiorem*; & un Majorat qu'il appelle irrégulier, parce qu'il s'écarte de cet ordre pour suivre la marche prescrite par les Donateurs ou Testateurs, & contre lequel il s'éleve comme étant contraire au droit commun, & à ce qu'il lui plaît d'appeller la nature du Majorat, qui, selon lui, doit s'entendre *non de primogenito habente à jure prærogativam Majoriæ prout in primogeniturâ propriâ, sed de seniore, habitâ consideratione ad factum ipsum & nascimentum*.

Philippe & Emmanuel-Philibert de la Baume ont imité l'ordre des successions légitimes, en préférant le degré plus prochain du dernier Possesseur, & en appellant l'aîné de ce degré plus prochain.

Il s'agit donc ici, conclut M. de la Blache, d'un Majorat régulier.

Les Majorats d'Espagne, ajoute-t-il, sont en général irréguliers; ils ne sont point de véritables Majorats, quoique qualifiés tels dans l'usage; ils dégénerent dans de vraies primogénitures.

Donc, les auteurs des deux fidéicommis s'étant conformés à l'ordre des successions, on ne peut penser qu'ils ayent voulu imiter le Majorat Espagnol. On le peut même d'autant moins, que la Franche-Comté, dans le tems même où elle étoit possédée par les Rois d'Espagne, ne faisoit point partie du Royaume d'Espagne; qu'elle avoit ses loix, ses usages & ses privileges particuliers, qu'elle ne cessa jamais de conserver; que les loix faites à Toro, n'ont jamais été en vigueur dans cette Province; & que bien loin qu'on puisse supposer qu'elle ait emprunté de l'Espagne l'usage des Majorats, il est plus vraisemblable qu'elle a pû le recevoir de l'Italie, ayant eû pour Souverains dans le onziéme siécle, *Otton Guillaume*, fils d'un Roi d'Italie, & plusieurs de ses descendans.

D'après ce que nous avons dit jusqu'ici, on sent combien toutes les parties de cette objection sont faciles à dissiper.

Rien de plus indifférent, que l'opinion que *Joannes Torré* a pû se former sur les diverses especes de Majorat reçues en Italie: & si au jugement de l'Italie & de son Ecrivain, le Majorat qui ne fait que marcher sur la ligne des successions légitimes est le plus régulier, ce jugement n'empêchera pas qu'aux yeux des autres Nations qui ont admis cette forme de disposer, le Majorat régulier ne soit celui qui repose toujours dans la main de l'aîné, & qui, comme le dit *Joannes Torré* lui-même, *saltat de unâ lineâ ad aliam lineam*, pour chercher & la ligne aînée, & l'aîné de cette ligne, parce qu'en effet le *Majorat* n'eft autre qu'un fidéicommis graduel, deftiné à tranfmettre & à conferver de race en race les biens & la fplendeur des Maifons, & que ce genre de fidéicommis fe défere toujours & dans tous les cas par la prérogative de l'aîneffe.

Nous avons d'ailleurs fuffifamment répondu à cette prétendue préférence accordée au degré plus prochain du dernier poffeffeur, en reftituant par nos précédentes réponfes cette condition de *proximité* à fa vraie interprétation & à fon véritable fens.

La nouvelle conféquence qu'en tire M. de la Blache d'après la définition des Majorats d'Italie par *Torré*, tombe donc d'elle-même.

Que les Majorats d'Efpagne ne foient aux yeux de M. de la Blache que des fimulacres des Majorats, qu'il leur refufe jufqu'au titre de Majorats, qu'il n'y voye que de vraies primogénitures, il n'y a rien d'étonnant; ils ne lui font pas affez favorables pour qu'il en faffe l'éloge.

Mais qu'ils foient ou Majorats, ou fimples primogénitures, il fera toujours vrai que la préférence y eft en tout tems & en toute tranfmiffion accordée à l'aîné de ligne & de Maifon; & dès-là, la conféquence que nous en avons tirée pour l'interprétation des deux fideicommis, ne perdra rien de fa force, s'il eft d'ailleurs certain que le Donateur & le Teftateur ayent eu intention d'imiter les Majorats Efpagnols.

Mais comment pourroit-on en douter?

La Franche-Comté, à l'époque de la donation & du teftament, étoit fous la domination d'Efpagne: Philippe & Emmanuel-Philibert de la Baume avoient leur domicile dans cette Province; les terres qu'ils fubftituent, y font fituées; la donation & le teftament y font paffés, & ce font des Officiers inftitués par le Roi d'Efpagne qui les reçoivent.

Quoi! l'on veut qu'un Donateur & un Teftateur dans cette pofition, adoptant une forme de difpofer ufitée, ordinaire, fréquente même dans la Monarchie fous laquelle ils vivent & dont la légiflation ne leur étoit ni étrangere, ni inconnue, s'écartent dans leur difpofition même, des principes de cette légiflation, pour fe foumettre à des principes extraordinaires & entiérement ignorés dans leur Patrie, aux principes d'un pays auquel ils ne tiennent par aucun rapport, aux principes de l'Italie en un mot qui leur eft entiérement étrangere; & cela fous le futile prétexte d'un fait hiftorique qui fe perd dans la nuit des tems & qu'ils n'ont peut-être jamais fçu, fous le prétexte qu'il y a 4 ou 500 ans la Province qu'ils habitent a été gouvernée par quelques Souverains, originaires d'Italie!

N'eft-il donc pas cent fois plus vraifemblable, allons plus loin; n'eft-il pas même évident que dans les circonftances où fe trouvoient les auteurs des deux fubftitutions, ils n'ont, en leur donnant le caractere de *Majorat*, entendu ni pû entendre parler que des Majorats-Efpagnols.

La Franche-Comté, quoique foumife à l'Efpagne, avoit fes loix & fes priviléges propres: mais cela empêchoit-il qu'on ne pût y emprunter les Loix de l'Espagne, dans tous les cas où elles n'avoient rien de contraire à celles de la Province? or il n'est en Franche-Comté aucune Loi, qui rejette les Majorats, ni qui en interdise ou en restraigne l'usage.

Les Loix publiées à Toro ne se sont jamais observées en Franche-Comté; mais sans avouer le fait, en résulteroit-il qu'un Testateur n'eût pas régulièrement pû prescrire dans un fidéicommis, l'observation des regles des Majorats?

Enfin il est une preuve plus positive encore, que c'est aux principes des Majorats Espagnols, que Philippe & Emmanuel-Philibert de la Baume ont voulu se soumettre.

Les quarante-unième & quarante-deuxième Loix de Toro, portent expressément qu'aucun Majorat ne peut être institué sans une permission spéciale du Souverain.

Or Philippe de la Baume, dans sa donation de 1620, ne qualifie point sa disposition de *Majorat*, mais il charge seulement son Donataire de la *faire ériger en Majorat, au plutôt que faire se pourra*.

Il connoissoit donc la disposition des Loix qui viennent d'être citées; il sçavoit donc qu'elles n'autorisoient l'institution d'un Majorat, qu'avec l'agrément & la permission du Souverain, & que l'érection qu'il désiroit ne dépendoit pas de lui seul, & exigeoit une formalité préliminaire; c'étoit donc d'après ces Loix, & relativement à leur décision, qu'il chargeoit son Donataire de *faire ériger*, &c.; le Majorat qu'il avoit en vue, étoit donc un Majorat Espagnol; & l'on ne peut douter qu'à son exemple, Emmanuel-Philibert n'ait eu aussi la même intention.

M. de la Blache propose encore deux dernieres objections.

Il tire l'une, de ce que Philippe de la Baume dit dans sa donation, que sa volonté est de perpétuer ses biens aux aînés mâles descendans des mâles de sa Maison, *& de ceux qui se trouveront aînés, quand le cas arrivera, par le décès des premiers nés*; & il infere de ces derniers termes, *& de ceux, &c.* que le Donateur a entendu par aîné le plus âgé.

Il emprunte la seconde de la 40e. des Loix de Toro, à la fin de laquelle il est dit, comme on l'a vû, qu'on doit toujours s'attacher de préférence à l'intention de l'auteur du Majorat: & il soutient que les deux freres dans leurs dispositions, se sont éloignés des principes des Majorats Espagnols.

Mais 1°. dans toutes les prérogatives attribuées à l'aînesse, elle ne s'entend jamais que de celui qui se trouve aîné dans le cas prévu, soit qu'il le soit de son chef, ou par représentation de ses Auteurs, ou à raison de sa ligne: & c'est aussi tout ce que peuvent signifier les expressions *& de ceux qui se trouveront aînés, &c.* ainsi la première objection n'a aucune solidité.

La seconde n'est qu'une pétition de principe, puisqu'il est impossible, comme nous l'avons démontré, de rencontrer une conformité plus exacte & plus parfaite, que celle qui regne entre la lettre &

l'efprit des deux difpofitions ; & les regles des Majorats d'Efpagne.
Entre toutes les objections de M. de la Blache, il n'en eft donc
aucune qui puiffe porter la plus légere atteinte aux différens moyens
qui fondent & qui foutiennent la vocation & le droit de M. le
Marquis d'Efpinchal.

Délibéré à Paris le 22 Janvier 1765. Signé, GILLET, MALLARD
& COLLET.

De l'Imprimerie de CH. EST. CHENAULT, ruë de la Vieille Draperie,
vis-à-vis Sainte Croix en la Cité, 1765.

www.ingramcontent.com/pod-product-compliance
Lightning Source LLC
Chambersburg PA
CBHW060530200326

41520CB00017B/5197